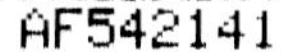

RÈGLEMENT ET PROGRAMME

DE

L'EXPOSITION INTERNATIONALE
RURALE ET AGRICOLE

QUE LA

SOCIÉTÉ RURALE ARGENTINE

INAUGURERA LE 20 AVRIL 1890 DANS LA VILLE DE BUENOS AIRES

CAPITALE DE LA NATION

Sous les auspices du Gouvernement National, et avec
coopération du Gouvernement
de la Province de Buenos Aires

CLOTURE LE DIMANCHE 11 MAI

BUENOS AIRES
IMPRIMERIE ET STÉRÉOTYPIE DU COURRIER DE LA P
230, Bolivar et Méjico, 302

1889

A

RÈGLEMENT ET PROGRAMME

DE

L'EXPOSITION INTERNATIONALE

RURALE ET AGRICOLE

QUE LA

SOCIÉTÉ RURALE ARGENTINE

INAUGURERA LE 20 AVRIL 1890 DANS LA VILLE DE BUENOS AIRES

CAPITALE DE LA NATION

Sous les auspices du Gouvernement National, et avec la coopération du Gouvernement de la Province de Buenos Aires

CLOTURE LE DIMANCHE 11 MAI

BUENOS AIRES

IMPRIMERIE ET STÉRÉOTYPIE DU COURRIER DE LA PLATA

230, Bolivar el Méjico, 330

1889

SOCIETÉ RURALE ARGENTINE

PALAIS D'EXPOSITIONS PERMANENTES DE LA SOCIETÉ

GRAND PAVILLON CENTRAL

EXPOSITION INTERNATIONALE

RURALE ET AGRICOLE

Qui s'ouvrira à Buenos Aires

LE 20 AVRIL 1890

ARTICLE 1er. — *La* SOCIÉTÉ RURALE ARGENTINE *inaugurera sa seconde Exposition Internationale Rurale et Agricole dans la capitale de la République le 20 avril 1890.*

ART. 2. — *M. le Président de la République sera invité à inaugurer l'Exposition, et MM. les gouverneurs des provinces à y assister.*

ART. 3. — *La* SOCIÉTÉ RURALE ARGENTINE *prendra toutes les mesures spécialement nécessaires afin que l'élevage et l'agriculture des provinces argentines soient largement représentés à l'Exposition; elle réclamera, à cet effet, l'action officielle et l'initiative privée.*

ART. 4. — *On construira un pavillon spécialement destiné aux produits agricoles élaborés, tels que: vins, alcools, huiles, cafés, fruits, graines, sucres, peaux et leurs transformations, tissus, papiers végétaux, viandes et laits préparés et conservés, etc., etc.*

Art. 5. — *Il y aura un concours avec quatre prix de $ 2,500 chacun pour le meilleur ouvrage présenté sur les sujets suivants:*

1° Exportation des viandes;

2° Etat présent et futur de l'agriculture argentine;

3° L'industrie viti-vinicole nationale;

4° Situation et avenir de l'industrie sucrière dans la République.

Art. 6. — *Le Jury pour la classification des ouvrages présentés au concours sera composé de la manière suivante:*

Président

M. le Docteur Domingo Frias.

Membres

MM. le Docteur Emilio Civit, député de la Province de Mendoza.

» *Ernesto Colombres, député de la Province de Tucuman.*

» *Plácido Marin.*

Emilio Frers.

Art. 7. — *Les Pouvoirs Publics de la Nation et des Provinces seront priés de coopérer à l'Exposition; la Commission Directive procèdera immédiatement à la rédaction des programmes et règlements, comme à la réalisation des travaux préliminaires et définitifs.*

Art. 8. — *La Commission Directive sollicitera également du Gouvernement National qu'il invite les nations amies de la République à prêter leur concours à l'Exposition, y compris les colonies anglaises de l'Australie et de la Nouvelle-Zélande.*

Art. 9. — *Dans la section des Machines et Instruments agricoles, on admettra seulement les inventions postérieures à l'année 1886, ou les modifications fondamentales introduites depuis cette époque dans les Machines et Instruments agricoles connus.*

Art. 10. — *Une Junte facultative, composée de MM. Rómulo Otamendi et Alberto de Gainza, ingénieurs, et Jules Dormal, architecte, est constituée dans le but d'aider la Commission Directive à cet égard.*

Buenos Aires, 30 juillet 1888.

Le Président,
ESTANISLAO S. ZEBALLOS.

Le Secrétaire,
Miguel T. Salas.

RÈGLEMENT ET PROGRAMME

DE

L'EXPOSITION INTERNATIONALE

RURALE ET AGRICOLE

Direction

ARTICLE PREMIER.—L'ouverture officielle de la *Deuxième Exposition Internationale Rurale et Agricole* de la SOCIÉTÉ RURALE ARGENTINE aura lieu le dimanche 20 Avril 1890, à une heure de l'après midi.

ART. 2.—Le Président de la République sera invité à présider l'acte de l'inauguration.

ART. 3.—La Commission Directive de la *Société Rurale Argentine* assume la Direction générale de l'Exposition.

ART. 4.—Elle nommera les Commissions considérées nécessaires au meilleur accomplissement de sa tâche.

ART. 5.—Elle prêtera ses bons offices aux exposants nationaux et étrangers et sollicitera du P. E. National la libre introduction, par la Douane, des objets destinés à l'Exposition, sous la condition que ceux qui seront vendus dans le pays, après la clôture de l'Exposition, payeront des droits.

Art. 6.—Les prescriptions du Règlement Général sont obligatoires aux membres, aux exposants et aux employés.

Art. 7.—Si aux citations de la Commission Directive il n'y avait pas le *quorum* nécessaire, le Président résoudra à lui seul les cas qui auraient motivé la citation.

Art. 8.—Le Président nommera un Secrétaire renté, dont les attributions seront établies par le Règlement Interne de l'Exposition.

Art. 9.—Le Président peut nommer et changer les employés de l'Exposition.

Art. 10.—Le Président fera accomplir toutes les résolutions de la Commission Directive, il aura à ses ordres le corps d'employés et pourra lui donner les instructions nécessaires aux effets de ce même article.

Art. 11.—Les renseignements indispensables à la formation du *Catalogue Général* doivent être pris par la Commission Directive des plis des demandes de local. On n'insèrera pas dans le catalogue des renseignements d'une autre origine.

Art. 12.—La Commission Directive gardera de la manière la plus efficace tous les objets exposés; mais la Société Rurale Argentine ne sera pas responsable, en cas de force majeure, des dégats qui surviendraient, quelle qu'en soit la cause ou l'importance.

Art. 13.—La Commission Directive prendra les

résolutions nécessaires, auprès des autorités, pour le meilleur service de l'Exposition.

Art. 14.—Les frais de transport de tous les produits sont pour compte des exposants; mais la Commission Directive prendra les mesures convenables afin de faciliter les transports et en réduire le coût.

Art. 15. — La Commission Directive assurera contre l'incendie les pavillons de la Société, et la prime d'assurance sera payée avec les fonds généraux de l'Exposition. L'assurance des pavillons ne comprend pas leur contenu.

Demandes de Locaux

Art. 16.—Les exposants présenteront les demandes de local à la Commission Directive dans les deux mois du jour fixé pour l'ouverture de l'Exposition, s'il s'agit de produits nationaux, et dans les six mois, si ce sont des produits étrangers.

Art. 17.—Les demandes de local seront faites au moyen de circulaires imprimées, timbrées et distribuées par la Société Rurale Argentine.

Ne seront point admises les demandes qui viendraient en dehors de ces circulaires, ou qui omettraient quelques-uns des renseignements exigés par le Règlement, ou, enfin, qui seraient présentées après les délais accordés par l'article antérieur.

Art. 18.—On ne concèdera pas de local pour des objets, produits ou animaux hors de concours. Si, passé le terme assigné à la demande, il y avait de la place disponible, la Commission Directive pourrait faire des admissions hors concours.

Art. 19.—La Commission Directive fera constater

la concession du local dans un registre à souches, en donnant à l'exposant le bulletin correspondant.

Ce bulletin contiendra : le numéro d'ordre de la concession, le nom et la nationalité de l'exposant, les objets exposés et leur provenance, le pavillon où seront mis ces derniers, la date à laquelle ils doivent être présentés et celle où devront être installés dans l'Exposition les objets, les produits ou les animaux.

Art. 20.—Les exposants sont obligés d'accepter les locaux et écuries que la Commission Directive désigne et distribue selon l'ordre numérique établi et d'après la date des demandes d'admission. Une fois la concession faite, il ne devient plus possible d'y faire des altérations.

Art. 21.—Les exposants qui désireraient construire des installations particulières, sur des modèles spéciaux, hors des pavillons, devront présenter à la Commission Directive, six mois avant l'ouverture de l'Exposition, une pétition accompagnée de plans respectifs.

Dans chaque cas, la Commission Directive établira les conditions auxquelles l'exposant doit s'astreindre, ainsi que le loyer qu'il payera pour le terrain, en signant un engagement à cet effet, à moins que ce local ne lui soit cédé gratuitement.

Art. 22.—Tout exposant qui renonce au concours devra en faire part à la Commission Directive trente jours avant l'ouverture de l'Exposition, et payera une amende de cinquante centimes $^{m}/_{n}$. par râtelier ou mètre carré.

Si l'avis en était donné après le délai fixé antérieurement, l'amende sera d'une piastre $^{m}/_{n}$.

Art. 23. — Ceux qui n'occuperaient pas les locaux obtenus, le jour fixé à cet effet, payeront 2 piastres m/n. par râtelier ou par mètre carré, et s'ils se présentaient ensuite avec leurs produits, ceux-ci ne seraient pas admis, à moins que preuve fût faite qu'il y a eu retard fortuit dans le transport.

Art. 24.—Les locaux de l'Exposition seront gratuitement donnés par la Société Rurale Argentine, mais les exposants payeront les gardiens ou bergers qu'ils considèrent utiles.

Art. 25.—Il y aura un Concours d'Horticulture. La Commission Directive mettra gratuitement à la disposition des intéressés les terrains nécessaires à la formation de jardins et bosquets, sur le mérite desquels, quant à la conception et au matériel, le Jury résoudra en conséquence.

Les concurrents devront se présenter à la Commission Directive dans le délai fixé par l'article 21.

Art. 26.—Les résolutions de la Commission Directive, en matière de locaux, sont définitives et sans appel.

De l'Admission

Art. 27.—A la date du 17 avril seront installés les objets, produits et animaux à leurs places respectives; mais les exposants qui le désirent pourront faire opérer cette installation à une date antérieure.

En entrant à l'Exposition, il faudra exhiber le bulletin dont il est parlé à l'article 19, faute de quoi on ne sera pas admis.

Si ce bulletin était perdu, on en demanderait un

duplicata 24 heures avant de présenter les produits ou les animaux.

Art. 28.—Aux portes d'entrée de l'Exposition, le bulletin sera frappé d'un timbre portant l'inscription : *Permis d'entrée.* L'exposant se présentera alors avec son bulletin au Commissaire de la Section respective qui confrontera ce bulletin avec le registre à souche dont parle l'article 19, pour établir sa conformité.

Art. 29.—Dans ce cas, le Commissaire en donnera immédiatement avis au corps des Vétérinaires, s'il s'agit d'animaux. Si la conformité n'existait pas, le bulletin serait refusé sans tarder et le Commissaire ferait savoir le fait immédiatement et par écrit à la Commission Directive pour la résolution définitive.

Art. 30.—Si la Commission Directive trouve que la disconformité entre le registre et le bulletin est prouvée, les produits seront définitivement repoussés et l'on n'en admettra pas d'autres pour les remplacer.

Art. 31.—Dans le cas de la première partie de l'article 29, les Vétérinaires procèderont à l'examen des animaux et, s'ils sont en bon état, ils mettront sur le bulletin un timbre portant la mention : *Examen satisfaisant.* En cas de maladie contagieuse, de défauts transmissibles à leur descendance, ou stérilité, ils feront retirer les animaux sans plus tarder et, sous les responsabilités établies dans le Règlement Interne de l'Exposition, présenteront un rapport écrit à la Commission Directive. Les décisions de celle-ci sont sans appel.

Art. 32.—S'il ne se présentait aucun des cas indiqués dans l'article antérieur, les Vétérinaires déclareront admis au Concours les animaux examinés et mettront sur le bulletin un timbre portant la mention : *Admis*.

Art. 33.—Le Commissaire rendra le bulletin avec le reçu des animaux ou des produits exposés.

Art. 34.— Les animaux, produits et objets qui ne seraient pas installés dans leurs locaux respectifs le 17 avril ne pourront plus être admis plus tard.

Art. 35.—Les fleurs seront reçues le même jour fixé pour opter aux récompenses, de 7 heures à 10 heures du matin.

Le Concours de fleurs sera règlementé en temps opportun.

Art. 36.—Les constructions et machines qui auraient besoin de plus de temps pour leur installation pourront être reçues d'avance, selon les arrangements pris par la Commission Directive, d'accord avec les intéressés.

Art. 37.—Les dispositions précédentes régiront, sans exception, sauf ce qui a rapport aux Vétérinaires, dans l'admission des autres produits et objets.

Il y aura deux Jurys d'admission : un qui s'occupera des produits agricoles et de leurs transformations, et un autre pour les machines, constructions, instruments, ustensiles, etc., etc.

Art. 38.—Dans la section des machines, instruments, etc., le Jury d'admission refusera ceux qui étaient connus avant 1886, en n'admettant que les inventions ou modifications fondamentales postérieures à cette époque.

Administration

ART. 39.—La SOCIÉTÉ RURALE ARGENTINE donnera gratuitement aux exposants la force motrice nécessaire pour mettre en mouvement les machines ou appareils qu'ils présenteront. Les exposants déclareront, au moment de demander le local, la quantité de force dont ils ont besoin et s'engageront, dans le même document, à faire pour leur compte les transmissions convenables.

ART. 40.—Le transport, emballage et déballage des objets, montage des machines et constructions accessoires sont pour compte des exposants.

ART. 41.—L'alimentation des troupeaux sera faite par la SOCIÉTÉ RURALE ARGENTINE, selon le tarif suivant, par jour et par animal:

	$ m/n.
Espèce chevaline	0.50
Espèce bovine	0.30
Espèce ovine	0.10
Espèce porcine (bêtes adultes)	0.15
Espèce porcine (bêtes de lait)	0.05

ART. 42. — Si les vaches et les juments avaient des petits, ceux-ci ne seraient admis à l'Exposition que s'ils avaient moins de 9 mois, et le tarif antérieur souffrirait une augmentation de $ 0,10 par jour.

ART. 43.—Le gros bétail et les chevaux devront être présentés avec licou et longe.

ART. 44.—Les gardiens et bergers auront un costume uniforme, selon le modèle adopté par la Commission Directive, et que les exposants devront fournir.

Art. 45.—La Commission Directive fixera la valeur ordinaire et extraordinaire des entrées à l'Exposition.

Les Membres de la Société Rurale Argentine auront une entrée personnelle, permanente et gratuite; mais il leur sera absolument prohibé d'entrer avant l'ouverture officielle de l'Exposition.

Art. 46.—Pendant les jours qui précèderont celle-ci, il sera absolument prohibé d'entrer à l'Exposition à toute personne qui ne serait pas de la Commission Directive, des Commissions spéciales ou du personnel de l'Exposition.

Les exposants ou leurs représentants pourront entrer seulement les jours et heures où ils présenteront leurs produits, et devront se retirer après installations faites. Cette permission sera personnelle et, en aucun cas, personne ne pourra la faire valoir.

La Commission Générale et les Commissaires de Section feront accomplir, sous la plus sérieuse responsabilité, les précédentes prescriptions.

Art. 47.—La Commission Directive accordera l'entrée gratuite à l'Exposition aux personnes et institutions que des raisons spéciales ou d'ordre public rendent méritoires à cette distinction.

Art. 48.—Si quelque exposant voulait donner à ses animaux des aliments spéciaux, en substitution de ceux que fournit la Commission, il devra solliciter de celle-ci l'autorisation de les introduire.

Art. 49.—Les Membres de la Société Rurale Argentine qui concourent à l'Exposition auront un escompte de 25 % sur le prix de l'alimentation des animaux.

Art. 50.—Dès l'ouverture officielle de l'Exposition, les exposants ou leurs représentants, les gardiens des animaux, les mécaniciens et ceux qui sont chargés des produits jouiront de l'entrée gratuite. Les exposants qui auront des représentants attitrés n'auront pas ce droit.

Art. 51.—La Commission Directive adoptera un Règlement interne qui fixe les attributions et devoirs du Secrétaire, des Vétérinaires, Commissaires et autres employés.

Prohibitions et Pénalités

Art. 52.—Les exposants qui feraient de fausses déclarations sur leurs animaux, objets ou produits; ceux qui attribueraient à ceux-ci une origine qu'ils n'ont pas, ou ceux qui, d'une manière quelconque, présenteraient des renseignements inexacts, seront obligés de retirer immédiatement leurs animaux ou produits du local de l'Exposition, en en perdant l'entrée; s'ils étaient membres de la Société Rurale Argentine, la Commission Directive pourrait les déclarer cessants, par deux tiers de votes.

Art. 53.—Si les animaux présentés comme reproducteurs sont reconnus stériles, ils seront éliminés de l'Exposition, après avis préalable des Vétérinaires.

Art. 54.—Ne seront pas admises dans le local de l'Exposition les matières inflammables ou substances corrosives, sous quelque forme ou prétexte qu'elles soient présentées, exception faite des concessions spéciales accordées par la Commission Directive.

Art. 55.—Les employés qui, pour un motif quelconque, ne rempliraient pas les ordres de leurs supérieurs ou les prescriptions du Règlement, seront destitués de leur poste.

Art. 56.—En cas de doute sur l'âge des animaux, les *pedigrees* et les déclarations signées par les éleveurs feront foi, sauf preuve contraire. En cas de nécessité, les Vétérinaires de l'Exposition seront chargés de faire la preuve technique. Ils devront, à cet effet, former un tribunal en règle.

Objet de l'Exposition

Art. 57.— Pourront concourir et opter aux prix :

1º Le bétail, les animaux domestiques et les oiseaux de basse-cour, les produits du pays et leurs dérivés.

2º Les machines, instruments aratoires, harnais et ustensiles agricoles, sous les restrictions établies par la résolution du 30 juillet 1888.

3º Les produits de l'agriculture et leurs transformations.

Art. 58.—Le concours des matières indiquées par les paragraphes 1º et 2º sera international, et exclusivement national celui qui a rapport au paragraphe 3º.

Art. 59.— De même sont admis au concours les plans, devis, modèles et descriptions relatifs à des exploitations rurales et agricoles faites sur une grande échelle.

Art. 60.—Le concours littéraire, décrété par la résolution du 30 juillet, art. 5, fait partie de l'Exposition , et le dimanche 27 avril 1890 aura lieu, dans ce local, la fête publique et solennelle de la distribution

des prix, s'il y en a, faite avec tout le cérémonial que la Commission Directive jugera nécessaire.

ART. 61.—La Commission Directive établira les concours spéciaux qu'elle jugera capables de mettre le plus en évidence les avantages économiques de quelques-unes des sections de l'Exposition.

ART. 62.—L'Exposition se divisera en *Sections* et *Catégories*.

ART. 63.—La *Première Section* comprend les animaux purs de race *Durham*, nés hors du pays et présentés par des éleveurs nationaux et étrangers, divisés en plusieurs catégories:

1° Mâles de 1 à 2 ans.
2° Femelles de 1 à 2 ans.
3° Mâles de plus de deux ans.
4° Femelles avec du lait ou pleines, de plus de deux ans.

ART. 64.—Ne seront admis dans la première section que les animaux exposés par les éleveurs eux-mêmes, restant prohibée dans le concours l'admission des intermédiaires.

ART. 65.— La *Deuxième Section* correspond à la même race pour animaux purs nés dans le pays et présentés dans les catégories suivantes :

1° Mâles de 1 à 2 ans.
2° Femelles de 1 à 2 ans.
3° Mâles de 2 ans et au-dessus.
4° Femelles de 2 ans et au-dessus, pleines ou laitières.

ART. 66.— La *Deuxième Section* comprend aussi

les métis *Durham* nés dans le pays et présentés dans les catégories suivantes:

5° Mâles de 1 à 2 ans.
6° Femelles de 1 à 2 ans.
7° Mâles de 2 ans et au-dessus.
8° Femelles de 2 ans et au-dessus, pleines ou laitières.

Art. 67.—La *Troisième Section* comprend la race *Hereford* pour des animaux nés hors du pays et présentés par des éleveurs nationaux ou étrangers, d'accord avec l'article 64 et dans les catégories suivantes:

1° Mâles de 1 à 2 ans.
2° Femelles de 1 à 2 ans.
3° Mâles de 2 ans et au-dessus.
4° Femelles de 2 ans et au-dessus, pleines ou laitières.

Art. 68. — La *Quatrième Section* comprend la *même race* pour des animaux purs nés dans le pays et présentés dans les mêmes catégories de l'article antérieur.

1° Mâles de 1 à 2 ans.
2° Femelles de 1 à 2 ans.
3° Mâles de 2 ans et au-dessus.
4° Femelles de 2 ans et au-dessus, pleines ou laitières.

Art. 69.—La *même Section* correspond aux métis *Hereford* présentés dans les catégories suivantes:

5° Mâles de 1 à 2 ans.
6° Femelles de 1 à 2 ans.
7° Mâles de 2 ans et au-dessus.
8° Femelles de 2 ans et au-dessus, pleines ou laitières.

Art. 70. — La *Cinquième Section* comprend la race *Devon*, pour animaux purs nés dans le pays ou à l'étranger, présentés d'accord avec l'article 64 et dans les catégories suivantes :

1° Mâles de 1 à 2 ans.
2° Femelles de 1 à 2 ans.
3° Mâles de 2 ans et au-dessus.
4° Femelles de 2 ans et au-dessus, pleines ou laitières.

Art. 71.—Cette *même Section* comprend les métis *Devon* présentés dans les catégories suivantes :

5° Mâles de 1 à 2 ans.
6° Femelles de 1 à 2 ans.
7° Mâles de 2 ans et au-dessus.
8° Femelles de 2 ans et au-dessus, pleines ou laitières.

Art. 72. — La *Sixième Section* comprend la race *Polled Angus*, pour animaux purs, nés dans le pays ou à l'étranger, d'accord avec l'article 64 et présentés dans les catégories suivantes :

1° Mâles de 1 à 2 ans.
2° Femelles de 1 à 2 ans.
3° Mâles de 2 ans et au-dessus.
4° Femelles de 2 ans et au-dessus, pleines ou laitières.

Art. 73. — Dans cette *même Section* sont compris les métis de la *même race* présentés dans les catégories suivantes :

5° Mâles de 1 à 2 ans.
6° Femelles de 1 à 2 ans.
7° Mâles de 2 ans et au-dessus.
8° Femelles de 2 ans et au-dessus, pleines ou laitières.

Art. 74. — La *Septième Section* comprend les *races de boucherie* n'entrant pas dans les précédentes sections, présentées d'accord avec l'article 64 et dans cette forme :

Animaux purs nés dans le pays ou à l'étranger, dans les catégories suivantes :

1° Mâles de 1 à 2 ans.
2° Femelles de 1 à 2 ans.
3° Mâles de 2 ans et au-dessus.
4° Femelles de 2 ans et au-dessus, pleines ou laitières.

Art. 75. — Les métis des races auxquelles se rapporte l'article antérieur seront compris dans la *même Section* et dans les catégories suivantes :

5° Mâles de 1 à 2 ans.
6° Femelles de 1 à 2 ans.
7° Mâles de 2 ans et au-dessus.
8° Femelles de 2 ans et au-dessus, pleines ou laitières.

Art. 76. — La *Huitième Section* comprend les races laitières pures des *Pays-Bas*, présentées d'accord avec l'article 64 et dans les catégories suivantes :

1° Mâles de 1 à 2 ans.
2° Femelles de 1 à 2 ans.
3° Mâles de 2 ans et au-dessus.
4° Femelles de 2 ans et au-dessus, pleines ou laitières.

Art. 77. — Seront comprises dans la *même Section* les races métis des Pays-Bas, dans les mêmes catégories :

5° Mâles de 1 à 2 ans.
6° Femelles de 1 à 2 ans.
7° Mâles de 2 ans et au-dessus.
8° Femelles de 2 ans et au-dessus, pleines ou laitières.

Art. 78. — La *Neuvième Section* comprend les *races anglaises*, laitières, animaux purs présentés dans les catégories suivantes :

1° Mâles de 1 à 2 ans.
2° Femelles de 1 à 2 ans.
3° Mâles de 2 ans et au-dessus.
4° Femelles de 2 ans et au-dessus, pleines ou laitières

Art. 79. — Seront compris dans la *même Section* les métis de ces races dans les catégories suivantes:

5° Mâles de 1 à 2 ans.
6° Femelles de 1 à 2 ans.
7° Mâles de 2 ans et au-dessus.
8° Femelles de 2 ans et au-dessus, pleines ou laitières.

Art. 80. — Seront admis dans la *même Section* tous les animaux purs de races laitières non comprises dans les précédentes sections, dans les catégories suivantes :

9° Mâles de 1 à 2 ans.
10° Femelles de 1 à 2 ans.
11° Mâles de 2 ans et au-dessus.
12° Femelles de 2 ans et au-dessus, pleines ou laitières.

Art. 81. — Les vaches présentées au concours des races laitières seront complètement traites chaque 24 heures en présence du Vétérinaire de service qui donnera un certificat de l'opération. Ces certificats devront être présentés au Jury au moment de sa décision.

Art. 82. — Les Vétérinaires présenteront un rapport à la Commission Directive, sur la qualité du lait trait dans l'Exposition et pesé au *lacto-densimètre*, en signalant la quantité de crème produite dans les douze heures à une température fixe.

Art. 83. — Dans la *Dixième Section* on formera un concours spécial d'*animaux gras*, sans distinction de races, et dans les catégories suivantes :

1° Mâles de 3 ans et au-dessus.
2° Femelles de 3 ans et au-dessus.

Art. 84. — Les animaux gras seront pesés par les Vétérinaires de l'Exposition au moment de l'admission ; un certificat constatant le poids sera délivré.

Art. 85. — Les prix de cette section seront donnés aux animaux sur pied.

Art. 86. — Le corps des Vétérinaires fera abattre tous les animaux qui auraient reçu des prix et donnera un rapport à la Commission Directive sur le rendement économique de chacun d'eux.

Les animaux qui n'auraient pas eu de prix seront pesés sur pied en sortant de l'Exposition par les mêmes Vétérinaires, qui prendront note des modifications éprouvées depuis le jour de l'entrée.

Art. 87. — Dans la *Onzième Section* concourront les races mérinos destinées à produire des *laines fines* pour la fabrication du drap, dans les catégories suivantes :

1° Mâles *Negrete* de 1 à 2 ans, avec laine de 10 à 12 mois.

2° Femelles *Negrete* de 1 à 2 ans, avec laine de 10 à 12 mois.

3° Mâles *Negrete* de plus de 2 ans, avec laine de 10 à 12 mois.

4° Femelles *Negrete* de plus de 2 ans, avec laine de 10 à 12 mois

5° Mâles *Electoral* de 1 à 2 ans, avec laine de 10 à 12 mois.

6° Femelles *Electoral* de 1 à 2 ans, avec laine de 10 à 12 mois.

7° Mâles *Electoral* de plus de 2 ans, avec laine de 10 à 12 mois.

8° Femelles *Electoral* de plus de 2 ans, avec laine de 10 à 12 mois.

ART. 88. — Dans la *Douzième Section* concourront les races mérinos destinées à produire la *laine* pour fabriquer du drap, en tenant compte surtout de la quantité produite par l'animal, dans les catégories suivantes :

1° Mâles de 1 à 2 ans, avec laine de 10 à 12 mois.

2° Femelles de 1 à 2 ans, et laine de 10 à 12 mois.

3° Mâles de plus de 2 ans avec laine de 10 à 12 mois.

4° Femelles de plus de 2 ans, avec laine de 10 à 12 mois.

ART. 89. — Dans la *Treizième Section* concourront les mérinos de *viande* et *laine*, c'est-à-dire, destinés à produire de la viande et à conserver en même temps intactes et irréprochables les qualités de la laine, dans les catégories suivantes :

1° Mâles de la Bergerie officielle *Rambouillet*, de 1 à 2 ans et laine de 10 à 12 mois.
2° Femelles de la même origine, de 1 à 2 ans, et laine de 10 à 12 mois.
3° Mâles de la même origine, de plus de 2 ans, et laine de 10 à 12 mois.
4° Femelles de la même origine, de plus de 2 ans, et laine de 10 à 12 mois.
5° Mâles d'une *autre origine*, de 1 à 2 ans, et laine de 10 à 12 mois.
6° Femelles d'une autre origine, de 1 à 2 ans, et laine de 10 à 12 mois.
7° Mâles d'une autre origine, de plus de 2 ans, avec laine de 10 à 12 mois.
8° Femelles d'une autre origine, de plus de 2 ans, avec laine de 10 à 12 mois.

Le Jury, au moment de classifier cette section, donnera la préférence à la qualité de la laine et, en second lieu, à la taille de l'animal.

Art. 90. — Dans la *Quatorzième Section* concourront les races mérinos destinées à la *production de viande* et qui donnent en même temps de la laine mérinos, dans ces catégories :

1° Mâles de 1 à 2 ans, avec laine de 10 à 12 mois.
2° Femelles de 1 à 2 ans, avec laine de 10 à 12 mois.
3° Mâles de plus de 2 ans, avec laine de 10 à 12 mois.

4° Femelles de plus de deux ans, avec laine de 10 à 12 mois.

Le Jury classifiera cette Section en avantageant d'abord la taille de l'animal, puis, en second lieu, la qualité de la laine.

Art. 91. — Dans la *Quinzième Section* concourront les reproducteurs des races anglaises, *Lincoln, Leicester, Cotswold, Romney-March,* etc., purs, nés dans le pays ou à l'étranger, dans les catégories suivantes :

1° Mâles de 2 ans et au dessus, avec laine de 10 à 12 mois.
2° Femelles de 2 ans et au-dessus, avec laine de 10 à 12 mois.
3° Mâles de 1 à 2 ans, avec laine de 10 à 12 mois.
4° Femelles de 1 à 2 ans, avec laine de 10 à 12 mois.

Dans la *même Section* concourront les métis des races antérieures, nés dans le pays, dans les catégories suivantes :

1° Mâles de 2 ans et au-dessus, avec laine de 10 à 12 mois.
2° Femelles de 2 ans et au-dessus, avec laine de 10 à 12 mois.
3° Mâles de 1 à 2 ans, avec laine de 10 à 12 mois.
4° Femelles de 1 à 2 ans, avec laine de 10 à 12 mois.

Art. 92. — Dans la *Seizième Section* concourront les reproducteurs des races *South-Down, Shro-*

phire, Hamfshire, Oxfordshire, etc., purs, nés dans le pays ou à l'étranger, dans les catégories suivantes:

1° Mâles de 2 ans et au-dessus, avec laine de 10 à 12 mois.

2° Femelles de 2 ans et au-dessus, avec laine de 10 à 12 mois.

3° Mâles de 1 à 2 ans, avec laine de 10 à 12 mois.

4° Femelles de 1 à 2 ans, avec laine de 10 à 12 mois.

Dans la *même Section* concourront les métis de même race, nés dans le pays, dans les catégories suivantes:

1° Mâles de 2 ans et au-dessus, avec laine de 10 à 12 mois.

2° Femelles de 2 ans et au-dessus, avec laine de 10 à 12 mois.

3° Mâles de 1 à 2 ans, avec laine de 10 à 12 mois.

4° Femelles de 1 à 2 ans, avec laine de 10 à 12 mois.

Art. 93. — Dans la *Dix-septième Section* concourront les animaux gras, sans distinction d'âge, nés dans le pays, dans les catégories suivantes:

1° Mâles.

2° Femelles.

Art. 94. — Pour concourir dans cette Section, les animaux formeront des groupes de 5 ou plus, appartenant au même exposant, et tous les animaux seront expressément pesés à l'entrée et à la sortie de l'Exposition par les Vétérinaires qui adresseront, à cet effet, un rapport à la Commission Directive.

Art. 95. — Concourront dans la *Dix-huitième Section* les chevaux de selle, de *race argentine*, dans les catégories suivantes :

1° Reproducteurs de plus de 3 ans.
2° Juments de plus de 3 ans.
3° Poulains de 2 à 3 ans.
4° Pouliches de 2 à 3 ans.
5° Chevaux châtrés de n'importe quel âge. Ces animaux doivent être élevés par l'exposant.

Art. 96. — Dans la *même Section* concourront les reproducteurs purs, de *Race Arabe*, pour selle, et dans les catégories suivantes :

6° Chevaux de plus de 3 ans.
7° Juments de plus de 3 ans.
8° Poulains de 2 à 3 ans.
9° Pouliches de 2 à 3 ans.

Art. 97. — Dans la *même Section* concourront les *métis de race Arabe*, dans les catégories suivantes :

10° Chevaux de plus de 3 ans.
11° Juments de plus de 3 ans.
12° Poulains de 2 à 3 ans.
13° Pouliches de 2 à 3 ans.

Art. 98. — Concourront dans la *même Section* les reproducteurs purs de course, dans les catégories suivantes :

14° Chevaux de plus de 3 ans.
15° Juments de plus de 3 ans.
16° Poulains de 2 à 3 ans.
17° Pouliches de 2 à 3 ans.

Art. 99. — Dans la *même Section* coucourront les *métis de course*, nés dans le pays, dans les catégories suivantes :

18° Chevaux de plus de 3 ans.
19° Juments de plus de 3 ans.
20° Poulains de 2 à 3 ans.
21° Pouliches de 2 à 3 ans.

Art. 100. — Concourront dans la *Dix-neuvième Section* les reproducteurs *Shire*, de gros trait, purs, dans les catégories suivantes :

1° Chevaux de plus de 3 ans.
2° Juments de plus de 3 ans.
3° Poulains de 2 à 3 ans.
4° Pouliches de 2 à 3 ans.

Art. 101. — Concourront dans la *même Section* les reproducteurs *Clydesdale*, de gros trait, purs, dans les catégories suivantes :

5° Chevaux de plus de 3 ans.
6° Juments de plus de 3 ans.
7° Poulains de 2 à 3 ans.
8° Pouliches de 2 à 3 ans.

Art. 102. — Dans la *même Section* seront admis les reproducteurs purs *Suffolk Punch*, de gros trait, dans les catégories suivantes :

9° Chevaux de plus de 3 ans.
10° Juments de plus de 3 ans.
11° Poulains de 2 à 3 ans.
12° Pouliches de 2 à 3 ans.

Art. 103. — Dans la *même Section* entreront les métis, nés dans le pays, des races *Shire, Clydesdale,* et *Suffolk Punch;* ils concourront, sans distinction de races, dans les catégories suivantes :

13° Chevaux de plus de 3 ans.
14° Juments de plus de 3 ans.

15° Poulains de 2 à 3 ans.

16° Pouliches de 2 à 3 ans.

Art. 104. — Concourront dans la *même Section*, les reproducteurs purs, de race *Percheronne*, de gros trait, dans les catégories suivantes :

17° Chevaux de plus de 3 ans.

18° Juments de plus de 3 ans.

19° Poulains de 2 à 3 ans.

20° Pouliches de 2 à 3 ans.

Art. 105. — Dans la *même Section* entreront les métis *Percherons*, de gros trait, nés dans le pays, dans les catégories suivantes :

21° Chevaux de plus de 3 ans.

22° Juments de plus de 3 ans.

23° Poulains de 2 à 3 ans.

24° Pouliches de 2 à 3 ans.

Art. 106.—Dans la *même Section* concourront les reproducteurs purs, de race de gros trait, non mentionnées antérieurement, dans les catégories suivantes :

25° Chevaux de plus de 3 ans.

26° Juments de plus de 3 ans.

27° Poulains de 2 à 3 ans.

28° Pouliches de 2 à 3 ans.

Art. 107. — Dans la *même Section* seront admis les métis, nés dans le pays, des races indiquées dans l'article 106, dans les catégories suivantes :

29° Chevaux de plus de 3 ans.

30° Juments de plus de 3 ans.

31° Poulains de 2 à 3 ans.

32° Pouliches de 2 à 3 ans.

Art. 108. — Dans la *Vingtième Section*, concourront les reproducteurs purs, de trait léger, *Anglo-Normands*, dans les catégories suivantes :

1° Chevaux de plus de 3 ans.

2° Juments de plus de 3 ans.

3° Poulains de 2 à 3 ans.

4° Pouliches de 2 à 3 ans.

Les *métis* de cette race, nés dans le pays, concourront dans les catégories suivantes:

5° Chevaux de plus de 3 ans.

6° Juments de plus de 3 ans.

7° Poulains de 2 à 3 ans.

8° Pouliches de 2 à 3 ans.

Art. 109. — Concourrent dans la *même Section* les reproducteurs purs *Cleveland*, de trait léger, dans les catégories suivantes :

9° Chevaux de plus de 3 ans.

10° Juments de plus de 3 ans.

11° Poulains de 2 à 3 ans.

12° Pouliches de 2 à 3 ans.

Les *métis* de cette race, nés dans le pays, concourront dans les catégories suivantes :

13° Chevaux de plus de 3 ans.

14° Juments de plus de 3 ans.

15° Poulains de 2 à 3 ans.

16° Pouliches de 2 à 3 ans.

Art. 110. — La *même Section* comprendra aussi les reproducteurs purs, de race *Oldembourgeoise*, de trait léger, concourant dans les catégories suivantes :

17° Chevaux de 3 ans et au-dessus.

18° Juments de 3 ans et au-dessus.

19° Poulains de 2 à 3 ans.

20° Pouliches de 2 à 3 ans.

Les *métis* de cette race, nés dans le pays, concourront dans les catégories suivantes:

21° Chevaux de 3 ans et au-dessus.

22° Juments de 3 ans et au-dessus.

23° Poulains de 2 à 3 ans.

24° Pouliches de 2 à 3 ans.

ART. 111. — Concourront dans la *même Section*, les reproducteurs purs, de race *Percheronne*, de trait léger, dans les catégories suivantes :

25° Chevaux de 3 ans et au-dessus.

26° Juments de 3 ans et au dessus.

27° Poulains de 2 à 3 ans.

28° Pouliches de 2 à 3 ans.

Les *métis* de cette race, nés dans le pays, concourront dans les catégories suivantes:

29° Chevaux de 3 ans et au-dessus.

30° Juments de 3 ans et au-dessus.

31° Poulains de 2 à 3 ans.

32° Pouliches de 2 à 3 ans.

ART. 112. — La *même Section* comprend les reproducteurs de race pure *Trackenen*, de trait léger, dans les catégories suivantes:

33° Chevaux de 3 ans et au-dessus.

34° Juments de 3 ans et au-dessus.

35° Poulains de 2 à 3 ans.

36° Pouliches de 2 à 3 ans.

Les *métis* de cette race, nés dans le pays, concourront dans les catégories suivantes:

37° Chevaux de 3 ans et au-dessus.

38° Juments de 3 ans et au-dessus.

39° Poulains de 2 à 3 ans.

40° Pouliches de 2 à 3 ans.

Art. 113. — Concourront dans la *même Section* les reproducteurs purs *Morgan*, de trait léger, dans les catégories suivantes:

41° Chevaux de 3 ans et au-dessus.

42° Juments de 3 ans et au-dessus.

43° Poulains de 2 à 3 ans.

44° Pouliches de 2 à 3 ans.

Les *métis* de cette race, nés dans le pays, concourront dans les catégories suivantes:

45° Chevaux de 3 ans et au-dessus.

46° Juments de 3 ans et au-dessus.

47° Poulains de 2 à 3 ans.

48° Pouliches de 2 à 3 ans.

Art. 114. — Concourrront dans la *même Section* les reproducteurs purs *Orloff*, de trait léger, dans les catégories suivantes:

49° Chevaux de 3 ans et au-dessus.

50° Juments de 3 ans et au-dessus.

51° Poulains de 2 à 3 ans.

52° Pouliches de 2 à 3 ans.

Les *métis* de cette race, nés dans le pays, concourront dans les catégories suivantes:

53° Chevaux de 3 ans et au-dessus.

54° Juments de 3 ans et au-dessus.

55° Poulains de 2 à 3 ans.

56° Pouliches de 2 à 3 ans.

Art. 115. — Concourront dans la *même Section* les reproducteurs des races de trait léger, non nommés dans les articles antérieurs, et dans les catégories suivantes :

57° Chevaux de 3 ans et au-dessus.
58° Juments de 3 ans et au-dessus.
59° Poulains de 2 à 3 ans.
60° Pouliches de 2 à 3 ans.

Les *métis* de ces races concourront dans la *même Section* et dans les catégories suivantes :

61° Chevaux de 3 ans et au-dessus.
62° Juments de 3 ans et au-dessus.
63° Poulains de 2 à 3 ans.
64° Pouliches de 2 à 3 ans.

ART. 116. — Il y aura aussi des concours spéciaux pour comparer les avantages et l'utilité des races chevalines exposées.

La Commission Directive réglementera opportunément ces concours sur les bases de l'assistance volontaire.

ART. 117. — Concourront dans la *Vingt-et-unième Section*, les porcs reproducteurs de race *Berckshire*, nés dans le pays et à l'étranger, dans les catégories suivantes :

1° Mâles de 2 ans et au-dessus.
2° Femelles de 2 ans et au-dessus.
3° Mâles de 1 à 2 ans.
4° Femelles de 1 à 2 ans.
5° Mâles de moins d'un an.
6° Femelles de moins d'un an.

ART. 118. — Concourront dans cette *même Section* les porcs reproducteurs de race *Yorckshire*, nés dans le pays ou à l'étranger, dans les catégories suivantes :

7° Mâles de 2 ans et au-dessus.
8° Femelles de 2 ans et au-dessus.
9° Mâles de 1 à 2 ans.
10° Femelles de 1 à 2 ans.
11° Mâles de moins d'un an.
12° Femelles de moins d'un an.

Art. 119. — La *même* Section comprend les porcs reproducteurs, de race *Normande*, nés dans le pays ou à l'étranger, dans les catégories suivantes :

13° Mâles de 2 ans et au-dessus.
14° Femelles de 2 ans et au-dessus.
15° Mâles de 1 à 2 ans et au-dessus.
16° Femelles de 1 à 2 ans et au-dessus.
17° Mâles de moins d'un an.
18° Femelles de moins d'un an.

Art. 120. — Dans la *Vingt-deuxième Section* concourront les reproducteurs des races pures *Asnières*, nés dans le pays ou à l'étranger, dans les trois catégories suivantes :

1° Anes bardeaux, de n'importe quel âge.
2° Anesses de n'importe quel âge.
3° Mules de n'importe quel âge.

Art. 121. — Dans tous les cas où des animaux nés dans le pays seront présentés au Concours, on devra exiger qu'ils portent la marque de l'exposant.

Art. 122. — Dans la *Vingt-troisième Section* concourront les races suivantes :

Les *Caprines*, animaux nés dans le pays ou à l'étranger, dans les catégories suivantes:

1° Race créole, un couple de n'importe quel âge.

2° Race du Tibet ou d'Angore, dans la même forme.

Les races *canines*, animaux nés dans le pays ou à l'étranger, concourront de la manière suivante:

3° Chiens de berger.
4° Chiens de garde.
5° Chiens de chasse.
6° Chiens ratiers.

Les *volailles* nées dans le pays ou à l'étranger, concourront dans cette section, dans les catégories suivantes:

7° Poules de grande race.
8° Poules de petite race.
9° Dindons.
10° Canards.
11° Oies.
12° Pigeons.
13° Faisans.
14° Autruches indigènes.
15° Autruches de race africaine.

Les lapins admis dans cette Section et dans la catégorie 16, sans distinction de race.

Art. 123. — Pour les animaux exposés dans les sections antérieures régiront toutes les dispositions établies par l'article 64.

Art. 124. — Dans la *Vingt-quatrième Section* concourront les céréales produites dans le pays, dans la forme suivante:

1° Blé pour pain.

2° Blé pour vermicelle.

3° Orge.

4° Maïs.

5° Riz.

6° Avoine.

7° Alpiste.

Art. 125. — Les exposants de cette Section doivent présenter un livret d'échantillons des plantes de leur culture. Pour entrer au Concours dans les catégories 1, 2, 3, 4 et 6, il est nécessaire que les exposants présentent les preuves justificatives d'avoir récolté au moins 60 hectolitres de chaque céréale et indiquant, en même temps, l'étendue semée et son rendement par hectare et, pour les catégories 5 et 7, d'avoir récolté 300 kilos, au moins, dans les mêmes conditions.

Art. 126. — Dans la *Vingt-cinquième Section* concourront les *semences pour prairies artificielles et les fourrages*, dans cette forme:

1° Meilleure variété de semences pour des prairies artificielles.

2° Fourrages conservés en général.

Art. 127. — Dans la *même Section* concourront les *racines et tubercules* du pays dans les catégories suivantes:

3° Pommes de terre.

4° Betteraves.

5° Patates.

6° Mandioca.

7° Topinambours.

Les Exposants de ces catégories justifieront qu'ils ont récolté la dernière année au moins 100 kilos des produits mentionnés.

Art. 128. — Dans la *même Section* concourront les *légumes* du pays, dans les catégories suivantes :

8. Pois chiches, haricots, fèves, vesces, pois.
9. Asperges, tomates, choux, etc.
10. Piments et oignons.

Art. 129.—Dans la *même Section* concourront les *graines oléagineuses* du pays, dans les catégories suivantes :

11. Collections de fruits et de graines oléagineuses.
12. Collections de pâtes de la même provenance, pour nourrir le bétail, avec l'analyse du pouvoir alimentaire de chacune d'elles.
13. Collections de fruits frais en général.

Art. 130.—Dans la *même Section* concourront les produits du pays indiqués ci-après, dans les catégories suivantes :

14. Café.
15. Houblon.
16. Tabac.
17. Indigo.
18. Canne à sucre.

Art. 131.—Dans la *vingt-sixième Section* concourront les produits suivants, dans les catégories suivantes :

1° *Plantes textiles* en général, dont la meilleure collection sera récompensée par un prix.

2° Collections de plantes médicinales du pays.
3° Collections de plantes applicables à l'industrie et de même provenance.
4° Collections de semences d'arbres.
5° Collections de semences de fleurs.

Art. 132.—Dans la *vingt-septième Section* concourront les *fruits* ou *produits végétaux*, conservés ou manufacturés dans le pays, dans les catégories suivantes :

1. Fruits secs en général.
2. Raisins secs.
3. Figues sèches.
4. Fruits conservés en général.
5. Vins secs.
6. Vins doux.
7. Alcools.
8. Bière.
9. Huiles à manger.
10. Huile de lin.
11. Huile de navet.
12. Farine.
13. Sucre.
14. Yerba-mate.
15. Cigares.
16. Corderie.
17. Vannerie.
18. Miel de canne.

Art. 133.—Dans la *vingt-huitième Section* concourront : 1° Les mors, têtières, brides, volées, poitrails, jougs et autres objets d'application industrielle, construits dans le pays ou à l'étranger.

Les *instruments et outils* aratoires construits dans

le pays ou à l'étranger, concourront dans les catégories suivantes :

2. Charrues de différentes applications.
3. Semoirs.
4. Râteaux, rouleaux à vapeur ou à traction animale.
5. Pelles, Pics, bêches, etc.
6. Excavateurs à bœuf.
7. Machines pour faire ou aplanir les chemins, avec ou sans vapeur.
8. Collections de petits instruments aratoires en général.
9. Charrues ou autres appareils à vapeur, pour la préparation de la terre.

Les machines et instruments construits dans le pays ou à l'étranger, concourront dans cette forme :

10. Moissonneuses.
11. Faucheuses.
12. Vanneuses et nettoyeuses.
13. Couteaux pour couper le fourrage.
14. Ciseaux pour tondre.
15. Faux.
16. Appareils pour faire des meules et ensiler.
17. Appareils pour couvrir les meules.
18. Appareils pour emballer.
19. Appareils et machines pour la production du froid, destinés à la conservation des viandes, volailles et fruits.
20. Collections d'instruments et outils applicables à l'administration et à l'exploitation des établissements ruraux.

Art. 134.—Dans la *vingt-neuvième Section* concourront les *véhicules pour transports*, construits dans le pays ou à l'étranger et dans les catégories suivantes :

1. Brouettes à main.
2. Chars à deux roues.
3. Chars à quatre roues.
4. Wagons.
5. Voies ferrées portatives et leur train roulant.
6. Autres appareils non mentionnés, qui répondent au même objet.

Art. 135.—Dans la *même Section* coucourront les machines et instruments pour *extraire de l'eau*, construits dans le pays ou à l'étranger, dans les catégories suivantes :

7. Norias.
8. Pompes.
9. Seaux et poches de norias.
10. Poulies.
11. Appareils pour perforer la terre.

Art. 136.— Dans la *même Section* seront admis les *appareils* pour abreuvage et arrosage, construits dans le pays ou à l'étranger, présentés dans les catégories suivantes :

12. Appareils portatifs et à main.
13. Appareils fixes.

Art. 137.—Dans la *même Section* concourront les *modèles d'abris* construits dans le pays ou à l'étranger, dans les catégories suivantes :

14. Pour le gros bétail.

15. Pour le petit bétail.
16. Pour les animaux de basse-cour.

Art. 138.—Appartiennent à la *même Section* les *haies* ou matériaux qui entrent dans leur composition, de provenance nationale ou étrangère, dans les catégories suivantes :

17. Modèles de haies de toute espèce.
18. Modèles de traverses.
19. Matériaux pour les haies.

Art. 139.—La *même Section* comprendra les instruments pour *dessécher les champs*, dans les catégories suivantes :

20. Appareils et outils pour les fossés et drainages.
21. Appareils pour la distribution des eaux destinées à l'arrosage.

Art. 140. — Dans la *Trentième Section* seront admises les *machines pour la fabrication de produits* ruraux et agricoles, dans les catégories suivantes :

1. Moulins pour faire de la farine.
2. Machines pour faire le beurre.
3. Machines pour faire le fromage.
4. Machines pour faire des boîtes en général.
5. Machines pour faire des boîtes en bois pour les liquides.
6. Machines pour hacher les fourrages.
7. Machines pour triturer les tourtes de lin.
8. Machines pour triturer le maïs.
9. Machines pour fabriquer l'amidon.
10. Machines pour égrainer le maïs.
11. Machines pour décortiquer le riz.

12. Alambics pour fabriquer de l'alcool.
13. Appareils pour fabriquer des vins.
14. Machines pour fabriquer de l'huile.
15. Machines pour broyer le maïs.
16. Machines pour décortiquer le café.
17. Appareils pour tanner les cuirs.

Art. 141. — Dans la *même Section* concourront les *moteurs* construits dans le pays ou à l'étranger, dans les catégories suivantes :

18. Par la vapeur.
19. Par l'hydraulique.
20. Par impulsion animale.
21. Par le vent.

Art. 142. — Dans la *Trente et unième Section* concourront les *laines* et *poils* du pays ou de l'étranger, dans les catégories suivantes :

1. Laines, race créole, lavées.
2. Laines, variétés Rambouillet, en suint.
3. Laines, variétés Rambouillet, lavées.
4. Laines, variétés Negretti, en suint.
5. Laines, variétés Negretti, lavées.
6. Laines de peigne, en suint.
7. Laines de peigne, lavées.
8. Laines métisses mérinos, en suint.
9. Laines métisses mérinos, lavées.
10. Laines métisses, de peigne, en suint.
11. Laines métisses, de peigne, lavées.
12. Poils d'Alpaga.
13. Poils de Vigogne.
14. Poils de Guanaco.

15. Poils de chèvre.
16. Poils de divers animaux, applicables à l'industrie.

Art. 143. — Les exposants de laines justifieront qu'ils sont éleveurs de brebis des races ou variétés qu'ils exposent, ou qu'ils ont des lavoirs. Les laines en suint doivent être présentées en lots de 5 toisons au moins, attachés selon les us et coutumes, et la laine lavée en lots de 25 kilos au moins. En aucun cas on ne pourra admettre de simples échantillons en mèches, ni des laines de dépôt.

Art. 144. — Dans la *Trente-Deuxième Section* concourront les *cuirs* du pays et de l'étranger, dans les catégories suivantes:

1. Cuirs de bêtes à cornes, secs.
2. Cuirs de bêtes à cornes, salés.
3. Cuirs de chevaux, secs.
4. Cuirs de chevaux, salés.
5. Cuirs de moutons, lavés.
6. Cuirs de moutons, en suint.
7. Cuirs de bêtes à cornes, tannés.
8. Cuirs de chevaux, tannés.
9. Cuirs de moutons, tannés.
10. Cuirs de chèvres, tannés.
11. Cuirs de porcs, tannés.
12. Semelles en général.
13. Peaux diverses.

Art. 145. — Dans la *Trente-troisième Section* concourront les *viandes* du pays, dans ces catégories:

1. Viandes conservées par différents procédés.
2. Viandes sèches.

3. Viandes salées.
4. Extraits de viande.
5. Poudres de viande.
6. Jambons de moutons.
7. Jambons de porcs.
8. Divers produits de charcuterie.

Art. 146. — Dans la *même Section* sera admise la *graisse* d'animaux du pays, dans les catégories suivantes :

9. Graisse de bœuf.
10. Graisse de mouton.
11. Graisse de porc.
12. Huile de jument.
13. Huile de pattes.
14. Suif.
15. Stéarine.

Art. 147. — Dans la *même Section* concourront le *fromage* et le *beurre* du pays, dans les catégories suivantes :

16. Fromages frais.
17. Fromages en général.
18. Beurre frais.
19. Lait condensé.

Art. 148. — Dans la *même Section* concourront les *colles* du pays, dans les catégories suivantes :

20. Colle fine gélatine.
21. Colle forte.

Art. 149. — Dans la *même Section* concourront les *guanos* du pays, dans les catégoriessuivantes :

22. Guanos naturels.
23. Guanos artificiels.

Art. 150. — Dans la *Trente-quatrième Section* concourront les *plumes* du pays ou de l'étranger, dans les catégories suivantes :

1. D'autruche de race créole.
2. D'autruche de race africaine.
3. D'autruche, d'oie et d'autres volailles.

Art. 151. — Dans la *même Section* concourra la *soie* du pays, dans les catégories suivantes :

4. Cocons.
5. Soie en écheveaux, naturelle.
6. Soie teinte.

Art. 152. — Dans la *même Section* concourront le *miel* et la *cire*, dans les catégories suivantes :

7. Miel d'abeilles.
8. Cire.

Art. 153. — Dans la *Trente-cinquième Section* concourront les *modèles* en bois, construits dans le pays ou à l'étranger, dans les catégories suivantes :

1. D'abreuvoirs.
2. De bains pour brebis.
3. D'enclos pour la préparation du bétail.
4. De hangars.
5. De ponts.
6. De véhicules non inclus dans l'art. 134.
7. De ruches.
8. De pigeonniers.
9. De poulaillers.
10. De parcs à porcs.

Les modèles devront être accompagnés de leurs échelle et devis.

Dans la *même Section* concourront les *plans* construits dans le pays ou à l'étranger, dans les catégories suivantes.

11. D'édifices ruraux.
12. De granges.
13. D'*estancias* (grandes fermes d'élevage).
14. De jardins fruitiers et potagers.
15. De jardins.
16. De canaux.
17. De barrages.
18. De colonies.

ART. 154. — S'il se présentait des animaux ou des objets non compris dans les Sections précédentes, la Commission Directive choisirait la place qu'on leur donnerait en cas d'admission et, s'il était nécessaire, elle pourrait créer, à cet effet, des Sections spéciales.

Prix

ART. 155. — Il y aura trois prix pour chaque catégorie, divisés ainsi :

Premier prix : Une médaille de première classe avec diplôme.

Deuxième prix : Une médaille de deuxième classe avec diplôme.

Troisième prix : Une médaille de troisième classe avec diplôme.

ART. 156. — La Société donnera des médailles en cuivre qui porteront les inscriptions et allégories suivantes :

Face — En exergue : *Seconde Exposition Internationale Rurale et Agricole*. Au centre, ces mots : *Premier, Second* ou *Troisième* prix, selon le cas.

Au revers — En exergue : *Société Rurale Argentine*, Année 1890 en chiffres romains. Au centre : l'écusson de ladite Société.

Art. 157. — Il y aura, en outre, des prix spéciaux qui seront donnés sous cette forme :

1. Au meilleur taureau pur, de races de boucherie, qui sera présenté à l'Exposition.
2. A la meilleure vache des mêmes races.
3. Au meilleur taureau pur, des races laitières.
4. A la meilleure vache des mêmes races.
5. Au meilleur mouton mérinos de l'Exposition.
6. A la meilleure brebis mérinos.
7. Au meilleur mouton des races de laine et de boucherie.
8. A la meilleure brebis des mêmes races.
9. Au meilleur cheval pur, de trait léger.
10. A la meilleure jument pure, de trait léger.
11. Au meilleur cheval de selle.
12. A la meilleure jument de selle.
13. Au meilleur cheval pur, de course.
14. A la meilleure jument pure, de course.
15. Au meilleur métis des races de course, de trait léger et de selle.
16. A la meilleur jument métisse des mêmes races.
17. Au meilleur cheval pur, de gros trait.
18. A la meilleure jument pure, de gros trait.
19. Au meilleur cheval métis, des races de gros trait.

20. A la meilleure jument métisse, de gros trait.
21. A l'agriculteur qui présentera le meilleur et le plus grand ensemble de produits agricoles de son établissement.
22. Au meilleur ensemble de matières animales.
23. Au meilleur ensemble de matières végétales manufacturées.
24. Au meilleur ensemble de machines et instruments aratoires.

ART. 158. — Pour adjuger les prix spéciaux, les divers Jurys devront se réunir, après avoir terminé leur travail, dans la forme suivante :

1° Tous les Jurys des sections de bétail à cornes, réunis sous la présidence du plus ancien d'entre eux, procèderont à l'application les prix spéciaux des races à leur charge.
2° Tous les Jurys des races à laine constitueront, dans le même but, un seul tribunal, de la même façon.
3° Tous les Jurys des races chevalines procèderont de la même manière.
4° Tous les Jurys des sections agricoles en constitueront un seul, dans la forme indiquée pour les produits agricoles et ruraux.
5° Les Jurys des sections de matières manufacturées formeront, à cet effet, un seul Jury.
6° Tous les autres Jurys des sections des machines et ustensiles agricoles procèderont de la même manière.

ART. 159. — Le *Prix spécial* consistera en une médaille d'argent, plus grande que les médailles ordinaires et portant les mêmes indications et allégories.

Art. 160.—Il y aura une coupe en argent offerte par le Président de la Société Rurale Argentine, M. le Docteur Estanislao S. Zeballos, pour l'éleveur du pays qui présentera le plus grand et le meilleur ensemble d'animaux des différentes races comprises dans ce Règlement, et une autre coupe en argent, de la même origine, pour l'agriculteur du pays qui présentera le plus grand et le meilleur ensemble de produits agricoles de sa récolte.

Ces prix seront adjugés par deux Jurys spéciaux que la Commission Directive nommera quand elle désignera les Jurys généraux.

Art. 161.—Les animaux et objets qui auraient eu des prix aux Expositions antérieures de la Société Rurale, pourront concourrir à celle-ci, sans aucune exception.

Art. 162.—Dans une même catégorie, un exposant pourra obtenir plus d'un prix ordinaire.

Jurys

Art. 163.—A chaque *section* du Règlement correspond un Jury de trois personnes, qui doit être constitué un mois avant le jour désigné pour l'ouverture de l'Exposition.

Art. 164.—De plus, la Commission Directive formera les jurys spéciaux qui seraient nécessaires, composés du même nombre de personnes et selon les dispositions suivantes:

ART. 165. —La nomination des Jurés et de leurs suppléants, pour remplir les vacances qui surviendraient, se fera sous cette forme:

1° La Commission Directive formera des listes de neuf personnes pour chaque Jury, en choisissant celles qui réunissent la respectabilité et la compétence et qui ne soient pas exposants dans la section qu'ils doivent juger.

2° Les listes étant faites, la Commission Directive désignera un jour pour tirer au sort 3 titulaires de chaque Jury, sur les 9 candidats.

3° Les membres de la *Société Rurale Argentine* et les personnes qui auraient des locaux concédés dans l'Exposition, ou leurs représentants, seront invités à assister au tirage au sort.

4° Avant le tirage, on devra exiger le consentement des personnes qui forment les listes de neuf candidats auxquels se rapporte le paragraphe premier.

ART. 166.— Une fois tirés au sort, les Jurés seront convoqués dans les salons de la *Société Rurale,* où le Président procèdera à leur constitution, en leur donnant les instructions spéciales que la Commission Directive sanctionnera.

ART. 167. — Chaque Jury nommera un Président et aura comme Secrétaire le Commissaire de la Section respective.

ART. 168. — Les Jurys décideront à la majorité des voix.

ART. 169. — Les Jurys commenceront leur travail le 18 Avril, à 8 heures du matin et le finiront le 19 dans l'après-midi.

Art. 170. — Dans la classification des animaux, les Jurys procèderont en observant absolument les échelles de points qui suivent :

Animaux Ovins

	POINTS
Poids	6
Tête bien proportionnée	4
Cou court et épais	2
Amplitude et profondeur de la poitrine	8
Reins courts	2
Hanches larges	4
Longueur et largeur des quartiers	4
Pattes courtes et bien conformées	4
Dos long, large et droit	6
Testicules et pis bien formés	2
Volume du squelette	4
Harmonie de l'ensemble	4
Finesse de la laine	4
Longueur du brin de laine	6
Brillant de la laine	5
Résistance ou nerf du brin	4
Finesse de la laine	5
Homogénéité de la toison	8
Epaisseur de la toison	8
Etendue de la toison	6
Qualité du suint	4
	100

Les points seront applicables à toutes les variétés ovines.

Bêtes à Cornes de Boucherie

	POINTS Taureau	Vache
Origine	5	5
TETE		
a Front large		
b Mufle fin		
c Yeux vifs		
d Cornes; leurs bases doivent être bien distancées les unes des autres; grosses à la base (dans le taureau) et de forme aplatie; droites, quand il est jeune, et se courbant en avant avec peu d'élévation après un an, de couleur vert-jaune ou blanche, évitant le noir autant que possible		
e Abat-joues propres, sans peau retombant dans la papade		
f Oreilles grandes mais fines	12	12
COU		
Fourni et bien joint à la poitrine et aux épaules, la longueur proportionnée pour pouvoir paître dans les prés avec facilité	4	4
POITRINE		
Spacieuse, saillante et s'approchant du sol	19	19
ÉPAULE ET AVANT-BRAS		
a Egaux, sans de grandes projections...		
b Paleron large supérieurement, en diminuant rapidement vers les genoux.....		
c Epaules larges en haut où elles s'unissent en formant le commencement d'un large dos	2	2

DOS

	POINTS Taureau	Vache
Droit et large, depuis les épaules jusqu'à la queue	8	8

CROUPE

En ligne droite comme le dos	3	3

HANCHES

a Larges au niveau du dos, formant un plan plutôt convexe que concave		
b Quartiers bien ronds, sans se montrer trop saillants	3	3

QUARTIERS

Pleins et charnus, profonds, vus par derrière, depuis la queue jusqu'à l'union inférieure dans la castration	9	9

QUEUE

a Placée au niveau du dos		
b *Marlo* court		
c Crin fin	2	2

PERINEE

a Proportionné		
b Couleur rose sans tache		3

CORPS

Cylindrique, profond, les lignes supérieures et inférieures parallèles, sur quatre pattes courtes	6	6

PATTES

	POINTS Taureau	Vache
a Courtes, droites, à os fin............		
b Ongles bien formés, courts...........	6	6

CUIR ET PEAU

a Egal et point fin, mais doux et élastique		
b Poil doux, long et soyeux............	5	5

PIS

Dans les races de boucherie, il n'y a pas d'objection à ce que le. pis soit grand et encore moins les mamelles...........		3

TESTICULES

Ils doivent être pareils et de bonne grandeur	3	
ASPECT GÉNÉRAL................	13	10
	100	100

Bêtes á cornes laitiéres

Origine..........................	5	5

TETE

a Front large.......................

b Mufle fin.........................

c Yeux vifs.........................

d Cornes, leurs bases doivent être bien distancées les unes des autres, grosses à la base(dans le taureau) et de forme aplatie; droites, quand l'animal est jeune, et se courbant en avant avec peu d'élévation

	POINTS Taureau	Vache
après un an; de couleur vert-jaune ou blanche, évitant le noir autant que possible		
e Abat-joues propres, sans peau retombant dans les papades		
f Oreilles grandes mais fines	12	8
COU		
Fourni et bien joint à la poitrine, la longueur proportionnée pour pouvoir paître dans les prés avec facilité	6	4
POITRINE		
Spacieuse, saillante et s'approchant du sol	8	5
ÉPAULE ET AVANT-BRAS		
a Egaux, sans de grandes projections. . . .		
b Paleron large supérieurement et diminuant rapidement vers les genoux.		
c Epaules larges en haut où elles s'unissent en formant le commencement d'un large dos.	3	2
DOS		
Droit avec l'irrégularité des fontes d'en haut, et large depuis les épaules jusqu'à la queue.	6	3
CROUPE		
En ligne droite comme le dos.	6	3
HANCHES		
On peut admettre les angles saillants. . . .	6	3

QUARTIERS

	POINTS Taureau	POINTS Vache
Moins charnus que pour les animaux de boucherie........................	6	5

QUEUE

a Cylindrique, fine, attachée au niveau du filet............................		
b Attache de la queue courte (marlo)....		
c Crin fin............................	3	2

CORPS

Les lignes supérieures et inférieures plus larges à la partie postérieure qu'à l'antérieure..........................	8	6

PATTES

Plus longues que pour les animaux de boucherie............................	4	2

CUIR ET POIL

a Egal et en aucun endroit mince, mais doux et élastique.......................		
b poil doux, long et soyeux............	8	5

PIS

Allongé, vers le ventre, avec des veines saillantes, importance des écussons et Poil soyeux........................		10

MAMELLES

	POINTS Taureau	Vache
Grandeur moyenne, bien placées dans le pis, équidistantes, de peau douce, et jet de lait abondant		7

VEINES LACTIFERES

Saillantes avec d'abondants		4
Quantité		5
Qualité		5
Douceur	6	6
ASPECT GÉNÉRAL	13	10
	100	100

Espece porcine

	POINTS
Tête	8
Cou	8
Amplitude et profondeur de la poitrine	12
Dos	6
Epaules	8
Croupe	8
Jambes	10
Pattes courtes	6
Peau, soie et couleur	4
Poids et taille	10
Volume du squelette	8
ASPECT GÉNÉRAL	12
	100

Espéce chevaline

RACE DE CHEVAUX DE COURSE

	POINTS
Origine........................... ...	10

ASPECT GENÉRAL

Impression satisfaisante que laisse à simple vue la conformation de l'animal..............	6

TETE

a Mâchoires larges, ouvertes, donnant une grande ouverture au gosier............	4
b Front large et concave.................	2
c Yeux grands, saillants et brillants........	4
d Oreilles fines, douces au toucher, de mouvement alterne........................	2
e Chanfrein court, naseaux spacieux, élastiques ·	4

COU

Attaché élégamment aux épaules, bien arqué et fin, la croix un peu haute et mince..... ...	5

ÉPAULES

Assez inclinées, bien marquées et musculeuses	5

PATTES

a Les quatre pattes bien d'aplomb..........	5
b Courtes depuis les genoux...............	4

POINTS

c Longues au-dessus des genoux avec les veines visibles.................................. 4
d Os du canon large, vu de côté, sans ligature sous les genoux, tendons forts et visibles..... 3
e Genoux longs et bien formés.................. 2
f Jointures fournies, longues et élastiques....... 2
g Fourchettes courtes et brillantes............. 2

SABOTS

De taille proportionnée, hauts, de structure ferme et sans la moindre fente, libres de contractions à la plante.......................... 5

POITRAIL

Etroit à la partie antérieure, s'élargissant brusquement derrière les palerons................ 5

BOITE OSSEUSE

a Cylindrique et longue, côtes arquées et spacieuses.................................... 5
b Dos court, croupe longue et bien unie au corps.. 5

QUARTIERS POSTÉRIEURS

a Forts, les os de la hanche développés quoique étroits, bien attachés au corps, la queue attachée haut................................ 6
b Les jarets nerveux et libres de défauts, les lignes pures et bien conformées............ 5

COULEUR

POINTS

Tous les poils seront admis, excepté celui du cheval pie.. 2

ALLURE

Pas simple sans trot, sans grande action, mais avec une certaine souplesse et rapidité étrangères à d'autres races........................... 3

Total de points................. 100

Races de Gros Trait

Origine.. 8

Aspect Général..............................

Impression satisfaisante que laisse à simple vue la conformation de l'animal.......... 4

TETE

a Mâchoires larges............................ 2
b Front large.................................. 2
c Yeux doux et libres de défauts................ 3
d Oreilles larges et actives..................... 2
e Naseaux ouverts............................. 3

COU

Massif et robuste, musculeux et bien attaché à la tête.. 5

EPAULES

Musculeuses, moins inclinées que pour le trait léger.. 5

PATTES

	POINTS
a Les quatre pattes bien d'aplomb...............	5
b Courtes à partir des genoux...................	3
c Longues au-dessus des genoux, palerons musculeux et bien fournis...........................	3
d Os du canon large, vu de côté, les tendons visibles, sans carnosités.........................	3
e Genoux grands et bien placés...................	3
f Jointures robustes avec une régulière inclinaison	4
g Fourchettes grosses, longues et brillantes.	4
h *Hipico* de pur sang..........................	4

SABOTS

Grands, gros, ronds, sans fentes.............	6

POITRAIL

Large et spacieux..........................	5

BOITE OSSEUSE

a Cylindrique, les côtes proches des os des hanches................................	5
b Dos court et bien uni aux hanches........	5

QUARTIERS POSTÉRIEURS

a Larges, musculeux, union vigoureuse avec le jaret..................................	6
b Jaret propre, sans carnosités superflues, large....................................	5

COULEUR

A la volonté du Jury.........................	3

ALLURE

	POINTS
Le pas doit être ferme, sans tourner les pattes en trottant	6

Race de trait léger

Origine	8
Aspect général — Impression satisfaisante que laisse, à simple vue, la conformation de l'animal	8

TETE

a Mâchoires larges	2
b Front large	2
c Yeux vifs et libres de défauts	3
d Oreilles fines et actives	2
e Naseaux ouverts, flexibles	3

COU

Long, bien arqué, avec crinière soyeuse	5

EPAULES

Obliques et bien formées	4

PATTES

a Les quatre pattes bien d'aplomb	5
b Courtes depuis les genoux	3
c Longues au-dessus des genoux et le paleron bien formé	3
d Canons lisses et bien séparés des tendons	3
e Genoux grands et bien conformés	3

f Jointures bien formées dans leur union avec les sabots.. 3

g Fourchettes minces et brillantes......... 3

SABOTS

De grandeur proportionnée, hauts, ouverts par derrière, sans fentes.............................. 5

POITRAIL

Spacieux, forme convenable pour le trait léger 5

BOITE OSSEUSE

a Cylindrique.................................. 5

b Dos régulier, bien uni à la croupe, en formant une hanche ronde sans angles prononcés. 5

QUARTIERS POSTÉRIEURS

a Larges, musculeux, bien unis au jaret... 6

b Jaret fourni et bien conformé............. 5

COULEUR

A la volonté du Jury.............................. 3

ALLURE

Le trot long, élevé et élégant, avec assez d'action sans effort, dégagé, en jetant les jambes en avant et en les levant sans les tourner....... 6

100

Ces points seront appliqués aux races argentine et arabe.

Art. 169.—Chaque Jury des animaux recevra un

registre à souches qui contiendra le numéro d'ordre de l'animal selon l'étable, le nom, trois colonnes pour enregistrer dans chacune les points, d'accord avec les bulletins respectifs, et une quatrième colonne pour la moyenne des points, qui donnera la classification définitive. Ces bulletins seront signés et présentés avec le verdict définitif.

ART. 170.—L'appréciation des points assignés à l'origine des animaux étrangers se règlera par les documents qui accréditent leur pureté de race, et quant à ceux nés dans le pays, selon l'affirmation de l'éleveur.

ART. 171. — Les Jurés procèderont selon leur science et conscience à l'appréciation des produits qui n'auraient pas de règles établies.

ART. 172.— Dans la classification des machines, instruments, outils, produits végétaux et leurs transformations en matières alimentaires, etc, les Jurés procèderont en tenant compte des inconvénients économiques et de la qualité même des objet classifiés.

ART. 173.—Les Jurys ne sont pas obligés d'accorder tous les prix désignés et s'il n'y avait pas, selon eux, de produits qui en méritassent, ils le déclareraient ainsi dans leurs verdicts.

Ils pourront peser les animaux et demander toutes les informations et explications complémentaires qu'ils croiront nécessaires.

ART. 174.—La tâche de chaque Jury étant finie, son Président remettra le verdict respectif au Président de la Société Rurale Agentine, et celui-ci chargera les Présidents et les Secrétaires des Jurys d'afficher immédiatement les tablettes qui indiquent les prix accordés à chaque animal ou objet exposé.

ART. 175.—Au cas où l'adjudication d'un prix serait impossible, par suite d'égal mérite des animaux ou objets, la Commission Directive adjoindra au Jury qui rencontrerait cette difficulté, un autre Jury pour qu'ils puissent constituer un tribunal définitif; si, même de cette manière, on ne pouvait résoudre le cas, on donnera à chaque exposant un diplôme faisant mention de la circonstance spéciale et de l'identité de mérites. Dans ces cas là, on doit préférer le producteur ou fabricant au propriétaire et celui-ci à l'intermédiaire.

ART. 176.—Les décisions des Jurys seront infaillibles.

ART. 177.— La distribution des prix aura lieu le jour de la clôture de l'Exposition.

ART. 178.—Le jour fixé pour cette clôture est le 11 Mai.

ART. 179.—Toute attaque portée aux Jurys ou contre les Jurés, sera considérée comme une grave violation au Règlement.

La Commission Directive fera sortir de l'Exposition l'auteur ou les auteurs du délit et leur en défendra dorénavant l'entrée. S'il s'agissait d'un sociétaire, la Commission Directive pourra le déclarer cessant par deux tiers de voix.

ART. 180.—Pour procéder en la forme de l'article antérieur, il faudra une plainte signée par les Jurés.

ART. 181.—Les animaux seront installés et présentés aux Jurés sans indication de propriétaires ou de provenance, simplement avec le numéro qui leur correspond, excepté les marques et signes de reconnaissance des troupeaux. Après la proclamation des prix, les propriétaires pourront mettre les références qu'ils voudront.

Art. 182.—Les verdicts des Jurys sont définitifs et sans appel.

Livraison des Animaux et Produits

Art. 183.—Une fois l'Exposition terminée, il est indispensable, pour pouvoir rentrer en possession des animaux ou des produits, de présenter au Commissaire de la Section respective le bulletin de concession avec les sceaux d'admission; le commissaire donnera, en échange, un bulletin d'extraction à souche qui contiendra les mêmes détails inscrits dans le premier.

Art. 184.—Ce nouveau bulletin servira de permis de sortie et sera donné au portier au moment de l'extraction du local de l'Exposition des animaux ou des objets qui auront été exposés. Ces bulletins et permis seront remis ensuite au Commissaire Général par ces mêmes employés.

Art. 185.—Le bulletin d'extraction ne pourra se concéder qu'après que l'exposant aura satisfait au paiement des sommes qu'il devra; les intéressés devront, à cet effet, présenter au Commissaire respectif le reçu du paiement.

Art. 186. — On ne pourra faire sortir du local de l'Exposition aucun animal ou produit avant la clôture, sans une permission spéciale de la Commission Directive.

ART. 187. — Tout produit qui ne serait pas retiré huit jours après la clôture de l'Exposition, sera mis en dépôt par la Société Rurale, les frais de conservation étant à la charge de l'exposant; et, au cas où ce dernier ne se présenterait pas trois mois après le dépôt du produit, celui-ci serait vendu pour couvrir les dépenses qu'il aurait occasionnées. Le surplus sera conservé pendant une année à la disposition du propriétaire; ce terme étant échu, l'argent sera donné à la Société.

Foires

ART. 188. — Il y aura foire pendant et après l'Exposition, selon ce que la Commission Directive décidera. Mais on ne pourra vendre à l'encan que les produits appartenant à des membres de la Société Rurale Argentine et d'accord avec les instructions que la Commission Directive établira.

ART. 189. — Les Commissaires priseurs, auxquels se rapporte l'article antérieur, devront présenter leur pétition à la Commission Directive jusqu'au 1er avril; après cette date, leurs demandes ne seront pas prises en considération.

ART. 190. — Il ne sera pas permis que deux ou plusieurs Commissaires priseurs fassent leurs ventes en même temps, à moins qu'il ne s'agisse d'objets entre lesquels toute concurrence est impossible.

ART. 191. — Les Commissaires priseurs devront présenter journellement, au Comité exécutif, un état des animaux et objets vendus ainsi que leurs prix et les noms des vendeurs et des acheteurs.

Art. 192. — Les Commissaires priseurs seront redevables, à la Société Rurale Argentine, d'un pour cent du montant des ventes.

Concours littéraire

Art. 193. — Il y aura un concours avec quatre prix de $ m/n 2,500 chaque, en récompense du meilleur ouvrage présenté sur les sujets suivants:

1° Exportation de viandes.
2° Etat actuel et avenir de l'agriculture argentine.
3° L'Industrie viti-vinicole nationale.
4° Situation et avenir de l'Industrie sucrière dans la République.

Art. 194. — Le Jury chargé de classifier les ouvrages présentés au concours aura, pour Président, M. le Docteur Domingo Frias; les membres seront MM. le Docteur Emilio Civit, député national de Mendoza, Ernesto Colombres, député national de Tucumán, Plácido Marin et le Docteur Emilio Frers.

Art. 195. — Le concours aura lieu le 1er Février 1890; le Jury prendra en considération tous les travaux inédits écrits dans la République ou à l'étranger et qui, s'occupant des thèmes indiqués, auront été écrits dans l'idiome national et présenté en temps opportun.

Art. 196. — Les Mémoires devront être envoyés au Secrétariat de la Société jusqu'au 1er Février 1890, à l'adresse du Président de la Société, sous plis fermés, avec un signe qui les fera distinguer.

Art. 197. — Chaque Mémoire sera accompagné d'un pli fermé, à l'adresse du Président de la Société;

il contiendra le nom de l'auteur, son domicile; l'enveloppe portera le lemme respectif.

ART. 198. — Le Jury s'installera le jour désigné par l'article 195; il s'organisera et recevra du Secrétariat de la Société les Mémoires présentés.

ART. 199.— Il donnera son verdict en accordant ou refusant des prix et, le 20 avril 1890, le verdict sera communiqué au Président de la Société immédiatement après avoir été prononcé.

ART. 200. — La distribution des prix se fera publiquement par le Président de la Société, d'accord avec les dispositions de l'article 60, en ouvrant les enveloppes dont les lemmes coïncideront avec ceux des Mémoires qui auraient mérité des prix, et en appelant ensuite les auteurs à haute voix.

ART. 201. — Il y aura aussi deux prix : l'un de 500 piastres et l'autre de 250, pour les Commissaires de section qui présenteront les meilleurs rapports, d'accord avec les attributions qui leur seront assignées par le Règlement interne de l'Exposition.

SOCIETÉ RURALE ARGENTINE

PALAIS D'EXPOSITIONS PERMANENTES DE LA SOCIETÉ

GRAND PAVILLON CENTRAL

SOCIETÉ RURALE ARGENTINE

SOCIETÉ RURALE ARGENTINE

PALAIS D'EXPOSITIONS PERMANENTES DE LA SOCIETÉ

PAVILLON DE LA COMMISSION DIRIGEANTE

SOCIÉTÉ RURALE ARGENTINE

PALAIS D'EXPOSITIONS PERMANENTES DE LA SOCIÉTÉ

PAVILLON DE L'AGRICULTURE

SOCIETÉ RURALE ARGENTINE

PALAIS D'EXPOSITIONS PERMANENTES DE LA SOCIETÉ

PAVILLON DES RACES BOVINES

SOCIETÉ RURALE ARGENTINE

PALAIS D'EXPOSITIONS PERMANENTES DE LA SOCIETÉ

PAVILLON DES RACES CHEVALINES

SOCIÉTÉ RURALE ARGENTINE

PALAIS D'EXPOSITIONS PERMANENTES DE LA SOCIÉTÉ

LAC

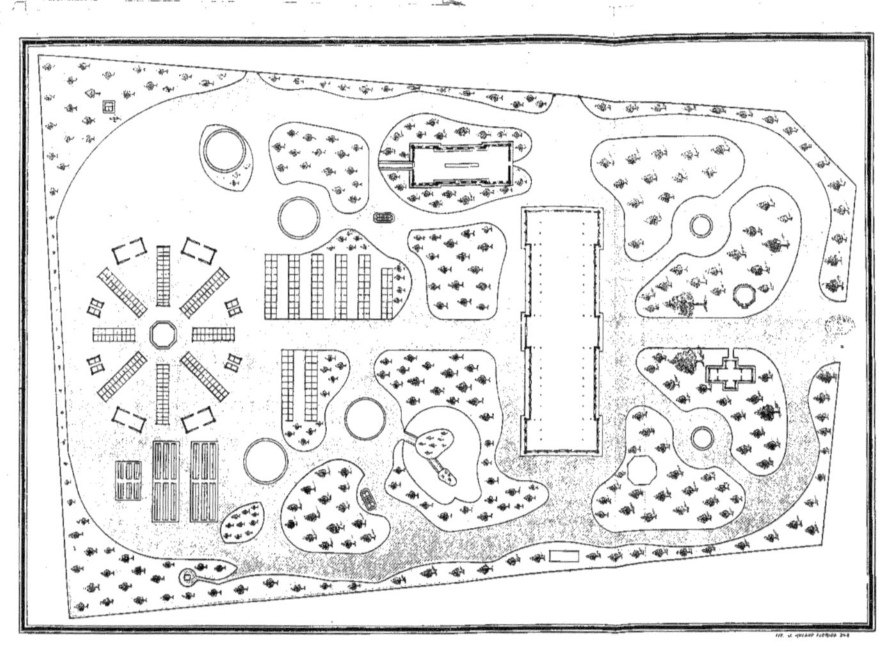

www.ingramcontent.com/pod-product-compliance
Lightning Source LLC
LaVergne TN
LVHW020431230826
846091LV00004B/1453
9782013683845